Lib 41/4103

DISCOURS
SUR
LA PUDEUR;

Lu au Temple de la RAISON, le 20 Vendémiaire, an troisième de la République Française, une & indivisible.

PAR le Citoyen SAINT-JEAN, Professeur de l'Histoire Philosophique des Peuples, au Collége national de Toulouse.

Douce Pudeur ! que de charmes perd une Femme au moment qu'elle t'abandonne ! Combien, si elle connoissoit ton empire, elle mettroit de soin à te conserver, si non par honnêteté, du moins par coquetterie.

J. J. ROUSSEAU.

A TOULOUSE,

De l'Imprimerie de la Citoyenne Veuve DOULADOURÉ, rue Liberté, Ire. Son., N°. 44.

IIIe. Année de la République.

DISCOURS
SUR LA PUDEUR.

SI l'on pouvoit se défendre d'une admiration enthousiaste pour les anciens peuples de la Grèce, on ne verroit, dans la pompe & la célébrité de leurs fêtes, que des écoles pour la vanité, & non des instructions pour la morale. Dans les jeux du pugilat & du ceste, de la course des chars & de la lutte, les sens pouvoient être flattés, l'imagination embellie ! mais aucun sentiment pour le cœur, aucun mouvement délicieux pour l'ame : on s'y rendoit avec ses passions, on en sortoit avec elles. Quelques instans la majesté, la grandeur, le courage de ces peuples pouvoient prêter à l'illusion ; leur justice, leur humanité, leurs vertus n'excitoient pas l'enthousiasme : sur les pas de la curiosité ou du plaisir, on n'alloit y chercher que des jouissances éphémères ; & si leur impression laissoit quelques souvenirs, ils n'avoient aucun pouvoir sur le cœur ; la vertu n'y trouvoit pas un aliment pour étendre son empire.

Qu'il est plus auguste & plus beau l'objet de la fête de la Pudeur ! c'est une grande pensée, une idée sublime que celle de lui consacrer un temple ! Il étoit juste que, parmi les vertus morales, celle qui vivifie toutes les autres, reçut un solennel hommage. Si les Républiques ne sont fondées que sur les mœurs, c'est travailler à leur bonheur & à leur gloire, que d'honorer les vertus qui les constituent. Comme il est des vices dont les autres dérivent, il est des vertus *majeures* d'où découlent les autres vertus (1). Toutes n'étendent pas leurs racines à une même distance, toutes n'ont pas une tige également forte ; quelques-unes ont besoin d'appui, les autres jettent de grands rameaux, & portent des fruits abondans ; il en est même qui fertilisent, pour ainsi dire, le terrain qui les environne. Or, la Pudeur, cette vertu de tout sexe & de tout âge, qui se réfléchit sur toutes les époques de la vie, qui avive toutes nos actions, qui ennoblit toutes nos pensées, doit être la vertu la plus chère à de véritables Républicains. Quand les anciens dédièrent un culte aux Dieux, l'Être qui féconde la nature entendit leurs premiers vœux ; il reçut leur premier hommage.

O Pudeur ! lorsque je te consacre ce premier élans de ma profonde vénération, donne à ma voix le charme heureux qui te suit ; que mon encens soit

---

(1) Voyez *Mably*, entretiens de *Phocion*. C'est dans cet ouvrage excellent qu'il développe cette pensée.

aussi pur que ton image ! Tu désavouerois mon enthousiasme, si je te forçois de rougir : comme le souffle le plus léger ternit le velouté des fleurs, il ne faudroit qu'une expression peu mesurée, pour blesser tes pudiques attraits. Que, pour rendre la mère des grâces, les *Appelles* (1) & les *Praxitelle* (2) s'abandonnent à tout ce que l'imagination a de plus lascif; qu'ils rassemblent tout ce que le beau idéal peut produire de voluptueux; le portrait ne seroit pas ressemblant, si, à l'audace, à la licence de son maintien, on ne reconnoissoit Cythérée : mais le peintre de la Pudeur doit être aussi chaste qu'elle; plus il emploiera de décence, plus son ouvrage

---

(1) *Appelles* étoit un peintre très-célébre de l'antiquité. Parmi ses productions immortelles, on distinguoit sur-tout sa Vénus sortant de la mer. Un autre artiste lui montroit une Vénus revêtue d'habillemens superbes, & lui demandoit d'un air content ce qu'il en pensoit : *je crois*, dit Appelles, *que n'ayant pu faire ta Vénus belle, tu l'as faite riche.*

(2) *Praxitelle*, sculpteur célébre, né dans la grande Grèce. Les habitans de l'île de Coos lui avoient demandé une statue de Vénus : il en fit deux, dont il leur donna le choix pour le même prix : l'une étoit nue, l'autre étoit voilée ; mais la première l'emportoit infiniment pour la beauté. Les habitans de Coos eurent la sagesse de donner la préférence à la dernière, persuadés que la bienféance ne permettoit pas d'introduire dans leur ville des images capables de faire des impressions funestes à la jeunesse. Les *Gnidiens* furent moins attentifs aux bonnes mœurs ; ils acheterent, avec joie, la Vénus rebutée, qui fit depuis la gloire de leur ville.

respirera la modestie & la candeur ; plus ce sera l'image de la Déesse, plus ce sera le tableau de son irrésistible ascendant (1).

Lorsqu'en parcourant les fastes de quelques nations, on trouve des temples en l'honneur de la déesse de la Beauté ; lorsque à *Paphos*, à *Gnide*, à *Amathonte*, on la voit recevoir également les vœux & l'encens des deux sexes, n'est-il pas étonnant de trouver des autels consacrés à la Pudeur (2) ? Ces deux cultes, par leur opposition, ne sembloient-ils pas s'exclure ? Dans l'un, pour plaire à Vénus, il

---

(1) Si chez les anciens la Pudeur étoit représentée portant la main droite sur le visage, pour montrer que ce sont les yeux, les joues & le front qu'une femme doit composer ; celui qui veut parler de cette vertu, doit mettre la sienne sur ses lèvres, afin qu'il ne lui échappe rien qui soit indigne d'elle, ni de ceux à qui il doit faire entendre ses pudiques instructions.

(2) Ce fut à Lacédémone que la déesse de la Pudeur eut son premier temple. Le père de *Pénélope*, Lacédémonien distingué & puissant, ne pouvant se résoudre à se séparer de sa fille, conjura *Ulysse* son époux de fixer sa demeure à Sparte, mais inutilement. Ulysse étant parti avec sa femme, *Icarius* monta sur son char, & fit si grande diligence, qu'il revit sa fille, & redoubla ses instances auprès de son gendre pour l'engager à revenir à Sparte. *Ulysse* ayant alors laissé à sa femme le choix de revenir avec son père, ou de le suivre à Itaque, *Pénélope* ne répondit rien ; mais baissant les yeux, elle se couvrit de son voile. *Icarius* n'insista plus, la laissa partir, & fit dresser en cet endroit un autel à la Pudeur. *Pausanias* in Laced.

falloit mutuellement s'avilir ; plus l'oubli de foi-même étoit entier & profond, plus l'hommage qu'on lui rendoit devoit lui être agréable ; la honte étoit un devoir, la dégradation une offrande ; les ombres du myſtère, les motifs de l'inſtitution rendoient toutes les horreurs légitimes. Dans l'autre, pour oſer offrir ſon encens à la Pudeur, il falloit des cœurs purs, des corps innocens ; il falloit avoir toujours conſervé cette honte naturelle, cette crainte ſecrète, ce ſentiment intérieur contre tout ce qui peut mener à l'infamie ; qu'on ſentît ce mouvement involontaire excité par l'appréhenſion de ce qui bleſſe ou peut bleſſer l'honnêteté, de tout ce qui fait rougir la modeſtie. Eh ! comment des peuples qui étoient contraints par les lois d'offrir à ces deux Divinités leurs ſacrifices, pouvoient-ils allier des ſentimens & des pratiques ſi contraires ? N'étoit-il pas à craindre que leurs vœux ne fuſſent criminels, leurs prières menſongères, leurs larmes perfides, leurs proſtrations une dériſion ? Quand une fois on s'eſt plongé dans toute la licence du vice, n'a-t-on pas perdu le droit de feindre même la vertu ? Et voilà néanmoins les cultes établis par les ſages de Rome & de la Grèce ! Loin des Français une pareille infamie ! loin d'eux cet outrage fait à la bienſéance, à la raiſon & aux mœurs ! Inſtituer une fête en l'honneur de la Pudeur, c'eſt condamner la dépravation du cœur ; dévouer à l'ignominie toutes les jouiſſances coupables ; garantir à un ſexe l'eſtime publique attachée à cette vertu ; ôter à l'autre la volonté d'y porter atteinte, ou contenir du moins la violence de ſes déſirs ; c'eſt enfin aſſurer le bonheur de l'état ſur l'honnêteté, fonder la morale publique ſur la plus belle des vertus.

Si l'on ouvre les annales de l'hiſtoire, on voit l'accord unanime de tous les peuples, ſur la haute idée qu'on doit avoir de la Pudeur (1). Tous ont imprimé la honte à la corruption des mœurs ; tous ſe ſont attachés à honorer la modeſtie, à faire un devoir de l'honnêteté : tant la voix impérieuſe de la nature a parlé à toutes les Nations ! Ce n'eſt pas ici une de ces conventions ſociales née de la néceſſité, qui ne doit avoir de la vigueur que par intervalles ; c'eſt un ſentiment naturel, une eſpèce d'inſtinct imprimé dans nos ames, dont le germe perce dans l'enfance, ſe développe dans la jeuneſſe, ſe prononce dans l'âge mur, & nous ſuit juſqu'au tombeau. Point de période dans la vie, où cette vertu n'ait beſoin de ſe produire ; chaque âge a ſa manière de l'excercer ; aucun n'eſt diſpenſé d'en conſerver toujours l'empreinte. Les devoirs impoſés par la nature, ſont obligatoires dans tous les temps ; leur infraction amène la honte ; leur oubli eſt accompagné du remords, ce dernier

---

(1) Les Romains dans le temps de leur plus grande corruption, avoient conſervé, par reſpect pour la Pudeur, un ancien uſage, qui défendoit de faire mourir les filles qui n'étoient point nubiles. Tibère, ce tyran ſubtil & cruel, trouva l'expédient de les faire déshonorer par le bourreau, avant de les envoyer au ſupplice.

ami des vertus, ce vautour éternel des cœurs coupables.

Non, vous n'avez pas connu les droits imprescriptibles de la Pudeur, vous qui avez ofé la regarder comme une chimère ! N'eſt-ce donc rien, qu'une vertu qui, fixant dans la fociété la gloire & le bonheur, aſſure à cette précieufe moitié du genre humain, qui fait le plaifir de l'autre, la prérogative de maintenir, par fon afcendant & fa fageffe, l'empire de la paix, & celui des bonnes mœurs ? Si le fort d'un fexe eſt de régner toujours fur l'autre, n'eſt-ce pas par la Pudeur ? N'eſt-ce pas elle qui, par l'autorité de fon maintien, impofe filence à cette jeuneffe fougueufe & entreprenante, qui prend l'audace pour une vertu, & regarde la timidité comme un ridicule ? N'eſt-ce pas elle qui, par fon aimable & innocent empire, par fa perfuafive douceur, par fes grâces modeſtes, corrige le ton indécent & les manières puériles, que de jeunes gens, fans expérience, ont pris auprès de ces femmes déshonorées, qui leur ont procuré des plaifirs faciles & de longs repentirs ? N'eſt-ce pas la Pudeur qui, par la voix d'une tendre amie, appelle à l'honneur & à la raifon, maintient l'amour des lois dans l'État, & la concorde dans les familles ? N'eſt-ce pas elle qui, donnant fans ceffe aux femmes de hautes penfées, de grands fentimens, leur aſſure le droit d'être les chaſtes gardiennes des mœurs, le doux lien de la fociété, & leur infpire le noble orgueil de faire valoir les dons du cœur & de la nature, au profit du devoir & de la vertu ?

Diroit-on que la Pudeur n'eſt qu'un préjugé ? Mais alors elle feroit fujette à l'inconſtance de la mode, aux caprices du moment, aux manéges de la coquetterie, aux lubies fpontanées de l'engouement (1) ! Ce qu'on appelle préjugé, n'eſt qu'un jugement porté ou admis fans examen ; il peut être une vérité ou une erreur ; celui qui domine aujourd'hui, peut être demain remplacé par un autre ; la folie du jour en fera bientôt le jouet. A ces traits, qui reconnoîtra la Pudeur ? L'empire conſtant qu'elle exerce, le fentiment qu'elle infpire, n'ont pas à craindre cette humiliante inſtabilité. Sans doute il peut exiſter des époques où les ames dégradées font moins fenfibles à fon influence ; où le relâchement des mœurs, le filence des lois, la contagion des grands exemples font perdre, avec l'innocence, le fentiment qui la fait aimer ; où l'on fait donner au plaifir les apparences de la fenfibilité ; à la complaifance, tous les charmes de la volupté ; où l'art de diſſimuler des défirs, de feindre des fentimens, de compofer des ris, de verfer des larmes eſt une étude, le bonheur funeſte d'y réuſſir une gloire ; où l'auſtère vertu paſſe pour fingularité, la modeſtie pour foibleſſe, l'effronterie pour force d'efprit..... Il faudroit être furpris que, dans ces époques, l'aimable Pudeur pût conferver encore fon empire ! Mais pour être quelques

---

(1) L'eſſence divine de la Pudeur n'a pas à craindre la verfatilité de l'opinion, cette reine tyrannique & des infenfés & des fots.

inſtans méconnue, elle ne perd rien de ſon impériſſable aſcendant. Les peuples plongés, pendant ſix mois, dans les ténèbres de la nuit, en proie à tous les frimas, enſevelis ſous les neiges, adorent l'aſtre du jour, quand il reparoît ſur l'horiſon, & qu'il vivifie la nature.

Eh ! qu'on ne penſe pas que la décence, la modeſtie & la Pudeur ſoient des vertus uniquement réſervées pour les femmes ! Je n'ignore pas que, plus on a de vénération pour elles, plus on a de mépris lorſqu'elles ſe déshonorent : mais je ſais auſſi que la même ignominie eſt à craindre pour les hommes : l'honnêteté étant un devoir pour tous, la dégradation & l'aviliſſement doivent imprimer une flétriſſure commune. Les lois immuables de la nature ne ſont pas détruites par les préjugés : quel que ſoit leur empire, l'indignation des ames honnêtes pourſuit ſans ceſſe le jeune voluptueux. S'il a aſſez de Pudeur pour confier aux ténèbres le myſtère de ſes jouiſſances, la honte n'en eſt pas moins ſur ſon front coupable; & la rougeur qui le trahit, lui fait payer cher & ſa baſſeſſe & ſes triomphes. Si, joignant à l'effronterie du vice toute l'audace de l'impunité, il promène publiquement ſa honte; s'il déſigne ſes conquêtes, s'il compte d'avance ſes victimes; quels ſont alors les ſentimens qu'il inſpire ? On le ſouffre, parce qu'on le craint; on l'accueille, mais on le mépriſe.... on n'en voudroit ni pour confident, ni pour ami. C'eſt un fléau que l'homme ſans caractère tolère par foibleſſe, que la ſociété devroit flétrir, ſi elle avoit assez de vigueur. Autrefois on se contentoit de le livrer aux sarcasmes ou au ridicule; maintenant il doit être mis sous la verge des lois. Que dans une monarchie la corruption des mœurs ne fasse rien perdre de la gloire ! Dans une République, point *d'honneur* sans honnêteté : ne sait-on pas que, quand on s'abandonne à ses passions, on est déshonoré par ses passions mêmes ?

Que signifient ces deux temples élevés à Rome à la déesse de la Pudeur ? Si l'on vouloit propager son culte, au lieu de s'élever contre cette double institution, il faudroit lui donner des éloges ! Mais que ces célébres Républicains étoient loin d'avoir des motifs aussi grands ! Qu'il s'en falloit qu'ils voulussent rendre à cette Divinité les hommages qui lui sont dus ! C'étoit pour elle le même culte, mais non les mêmes adorateurs. En lui édifiant deux autels, l'un pour l'ordre Sénatorial, l'autre pour le peuple (1), ils

―――――――――

(1) Les Romains firent de la Pudeur une déesse qui avoit à Rome des temples & des autels. La bisarrerie de son culte est fort plaisante. On distingua la Pudeur en *Patricienne*, ou qui regardoit l'ordre Sénatorial ; & en *Plébéïenne*, réservée pour le peuple. Cette dernière avoit son temple dans la rue de Rome, qu'on appeloit la longue; tandis que celui de la Pudeur Patricienne étoit au marché aux bœufs. On voit dans Tite-Live l'histoire de cette distinction. *Virginia*, de famille Patricienne, épousa un homme du peuple nommé *Volumnius*. Les Matrones Patriciennes la chassèrent du temple, parce qu'elle s'étoit mésalliée. Elle se plaignit hautement de l'insulte, disant qu'elle

avoient infulté à la Déeffe ; ils avoient outragé les defcendans des Syllanus (1) & des Lucrèce. Confacrer auprès des Dieux l'inégalité des rangs ! Avoir l'audace de mettre une diftinction entre les mêmes vertus ! n'étoit-ce pas le comble de l'injuftice & de l'immoralité ? Comme fi la Pudeur n'étoit pas pour tous les Romains un devoir également preffant ! Comme fi aucun d'eux pouvoit fe difpenfer d'avoir une vertu qui donne du prix à toutes ! Qu'elle eft plus fublime & plus noble l'inftitution du peuple Français ! En élevant un feul temple à la Pudeur, c'eft appeler à fon culte tous les citoyens de cet Empire ; c'eft confacrer ce grand principe, que les obligations impofées par l'Être-Suprême ne peuvent pas fouffrir de modifications ; & que fi l'égalité morale ne peut jamais être une chimère, c'eft fur-tout lorfqu'il s'agit de devoir, de décence & de vertu.

Qu'on étoit loin, avant la révolution, de confacrer un jour folennel à la Pudeur ! Le règne des Proxénètes & des Courtifanes ne peut être celui des

---

n'avoit à craindre aucun reproche, quand fon mari l'époufa; qu'ils avoient marché depuis dans le fentier de l'honneur, & que fon époux ne cédoit en rien pour le mérite à aucun Patricien. Elle fit mieux encore ; elle bâtit elle-même dans la rue longue, un temple à la Pudeur, qu'elle appela Plébéïenne, où les femmes qui n'étoient pas de l'ordre Sénatorial, alloient en foule rendre leurs vœux.

(1) *Syllanus*, homme très-vertueux, étoit beau-père de Meffaline. Celle-ci le fit mourir, pour n'avoir pas voulu répondre à fa paffion.

mœurs. Ce n'eſt pas lorſque les Meſſaline (1) & les Théodora (2) ſcandaliſoient les Romaines; que les Laïs (3) & les Phriné (4) recevoient les hommages publics des Athéniens, qu'on vit élever des temples aux vertus. Eh ! comment dans un ſiècle de corruption & de licence, où, pour avoir

---

(1) *Meſſaline*, femme de l'Empereur Claude, pouſſa l'impudicité juſqu'aux crimes les plus infames. Toute ſa vie ne fut qu'un tiſſu d'horreurs.

(2) Théodora étoit femme de Juſtinien premier ; ſa mère ayant ſacrifié ſa vertu pour de l'argent, elle s'abandonna à tout le monde. Elle parcourut pluſieurs contrées, n'ayant pour ſubſiſter que ſes proſtitutions. Revenue à Conſtantinople, Juſtinien en devint paſſionnément amoureux, & l'épouſa. Cette femme fut le fléau du genre humain, ſi l'on en croit *Procope*, qui en fait une peinture affreuſe dans ſes anecdotes.

(3) *Laïs*, fameuſe Courtiſane, née dans la Sicile, fut tranſportée dans la Grèce, lorſque le fameux *Micias* ravagea ſa Patrie. Corinthe fut le premier théâtre de ſa lubricité. Princes, Grands, Orateurs, Philoſophes, tout fut à elle. Après avoir corrompu une partie de la jeuneſſe de Corinthe, elle paſſa en Italie, pour y voir un jeune homme dont elle étoit amoureuſe. On prétend que quelques femmes, jalouſes de ſa beauté, l'aſſaſſinèrent dans un temple de Vénus.

(4) *Phriné*, célébre Courtiſane de l'ancienne Grèce, fut la maîtreſſe de Praxitelle. De toutes les proſtituées de ſon temps, elle fut la plus piquante & la plus recherchée. Son infame mérite lui produiſit tant de richeſſes, qu'elle offrit de faire rebâtir Thebes, pourvu qu'on y mît cette inſcription : *Alexandre a détruit Thebes, & la Courtiſane Phriné l'a rétablie.*

accès auprès du Prince, & parvenir à la fortune ou aux honneurs, il falloit être dégradé, ou servir à la dégradation des autres ; où le meilleur titre à la faveur, étoit l'art de séduire, de tromper, d'avilir & de corrompre ; auroit-on eu l'audace de consacrer une fête à la décence & à l'honnêteté ? Une pareille institution auroit été un ridicule ; un pareil culte, une constante profanation. Aujourd'hui que la vertu est le seul degré par lequel on puisse parvenir aux distinctions & à la gloire ; où tout ce qui rampe dans la fange ; tout ce qui, dominé par ses passions, s'énorgueillit d'être leur esclave, est livré à la honte ou au mépris ! quels adorateurs plus fidelles que les Français pourroit avoir la Pudeur ? Jamais de plus pur encens n'aura fumé dans son temple. Les Dieux du paganisme ont eu des ministres qui leur étoient consacrés ; il falloit que ce fût par leurs mains que les offrandes fussent présentées ; c'étoit par leur organe que les vœux des Peuples devoient leur être adressés. Dans notre République, tous les citoyens pourront être désormais les sacrificateurs de cette Divinité nouvelle : la pureté des sentimens républicains enflammant toutes les ames, elles n'auront pas besoin d'intermédiaire pour parvenir jusqu'à elle ; la pudeur & les cœurs honnêtes doivent toujours correspondre ; les vertus & les Dieux n'ont-ils pas aussi leur sympathie (1) ?

---

(1) La sympathie est une correspondance des qualités que les anciens imaginoient entre certains corps.

Qui arrêta l'espèce d'épidémie de se donner la mort qui avoit gagné les femmes d'un ancien peuple (1) ? En vain avoit-on multiplié les défenses ; avoit-on menacé les coupables des plus cruels supplices. Au milieu des échafauds, ces attentats personnels étoient toujours les mêmes ; les femmes, par dégoût pour la vie, ne songeoient plus qu'à mourir..... On ordonne, qu'après leur mort, elles feront exposées sans voile sur la place publique ! Les Suicides cessent : la crainte de la honte a plus de pouvoir, que l'appareil de tourmens : elles aiment l'existence, quand elles ne peuvent la perdre sans rougir. Pourquoi le jeune *Publicius* (2) est-il meurtri,

---

(1) Ce trait d'histoire est consigné dans les œuvres de *Plutarque*. Il le rapporte avec tout l'enthousiasme que ce Biographe savoit mettre au récit des grandes actions. Ses *vies* sont l'ouvrage le plus propre à former les hommes, soit pour la vie publique, soit pour la vie privée. Il y a dans ses traités de morale un grand nombre de faits qu'on ne trouve point ailleurs. Un homme de goût interrogé, lequel de tous les livres de l'antiquité prophane il voudroit conserver, s'il n'en pouvoit conserver qu'un seul à son choix : *Les vies de Plutarque*, répondit-il.

(2) *Papyrius* alloit réduire à l'esclavage un de ses débiteurs, selon l'usage de ces temps malheureux. Le fils de ce débiteur, le jeune *Publicius*, s'offrit pour esclave à la place de son père ; comme de nos jours un jeune Calviniste s'est offert pour aller aux galères, à la place du sien, & y a été envoyé. *Papyrius* emmena le jeune homme, le trouva beau, & voulut le séduire. Le jeune homme s'en défendit. Son maître le traita d'esclave insolent ; le fit dépouiller &

déchiré, fanglant ? Pourquoi le voit-on parcourir, à grands cris, les rues de Rome, pour aller, avec le peuple, demander vengeance au Sénat ? C'eſt pour n'avoir pas voulu ſe prêter aux déſirs criminels de ſon maître. Il avoit eu le courage de ſe rendre eſclave pour ſon père; il auroit eu celui de mourir pour la Pudeur !

Que parmi des peuples idolâtres, chez leſquels l'impudeur étoit en quelque ſorte conſacrée par la religion, & autoriſée par l'exemple des Dieux, elle ait trouvé des protecteurs & des panégyriſtes; on ne doit pas en être ſurpris : il eſt même étonnant que, malgré leurs préjugés religieux, des Païens ayent eu ſur cet objet des idées auſſi pures; ayent donné de ſi grands exemples de continence & d'honnêteté ! Mais dans une République, ce n'eſt pas aſſez que ce vice inſpire de l'horreur; il faut encore que la loi imprime ſur le front des coupables le ſceau de la flétriſſure. S'il eſt beau pour l'aréopage Français d'avoir aſſis la Liberté ſur les débris du trône; d'avoir coupé toutes les têtes de l'hydre du fanatiſme; d'avoir inſpiré à des hommes avilis & dégradés de

---

déchirer à coups de fouets par ſes autres eſclaves, pour le rendre plus docile. *Publicius* s'arracha de leurs mains, ſe ſauva dans la rue, demanda du ſecours, & conduit par la multitude nu, ſanglant, déchiré, il entra dans la ſalle du Sénat. Au lieu de punir ce monſtre, le Sénat ne dit rien à *Papyrius*; on régla ſeulement qu'à l'avenir, les biens, & non la perſonne des débiteurs, ſeroient livrés à leurs créanciers. Et voilà les Républiques anciennes !

grandes penfées, des fentimens fublimes, des dévouemens généreux! il faut encore établir le règne des mœurs (1), en honorant les ames honnêtes & vertueufes; attacher l'ignominie à l'indécence, à l'immodeftie & à l'immoralité. Qu'importe que ce chêne étende profondément fes racines, que fes branches entrelacées répandent fon ombrage au loin, que fon abri falutaire garantiffe les arbuftes des rayons brûlans du foleil, que les habitans de l'air y trouvent un fûr afile; fi un ver rongeur l'attaque dans fes racines, s'il le mine infenfiblement, s'il altère fa sève, s'il décolore fes feuilles & l'emmène à la deftruction!

Eh! pourquoi n'établiroit-on pas la cenfure? Ce n'eft pas feulement par les grandes infractions qu'on

──────────

(1) On ne peut douter que c'eft à la corruption des mœurs qu'on doit attribuer la caufe de la décadence & de la chute des Empires. Il feroit facile d'appuyer cette affertion par beaucoup d'exemples, fi l'on vouloit faire ici un étalage d'érudition. Mais en nous arrêtant aux Républiques célèbres de la Grèce & de Rome, qui doute que c'eft à l'amour du luxe, des fpectacles & des plaifirs, qu'elles ont dû leur deftruction? Les belles inftitutions des *Licurgue*, des *Solon* & des *Numa*, devoient céder à l'oubli de la vertu & au relâchement des principes honnêtes. Elles fe feroient maintenues plus long-temps dans tout leur éclat, fi les lois avoient févi contre les *Périclés*, les *Alcibiade* & les *Lucullus*. Pour donner à un fol toute fon énergie, pour lui rendre fa fécondité, il faut extirper les herbes parafites qui dénaturent fes fels, corrompent fes fucs, altèrent fes fermens, vicient fes germes, ou les dévorent.

fe

se rend coupable: si les uns sont punis pour les actes attentatoires à l'harmonie de l'État, la flétrissure & la honte doivent attendre ceux qui lui occasionnent des dissonances, ou qui en détendent les ressorts. Tant que cette institution fut en vigueur chez le peuple Roi, il conserva la pureté de ses mœurs ; la gloire, le bonheur & la paix régnèrent dans la République ; Caton veilloit à son salut ! Son œil infatigable perçoit les ténèbres du vice ; la loi pouvoit se taire, il savoit la suppléer : les actions qu'il poursuivoit, n'étoient pas sans doute sur les douze tables ! Mais leur haine vengeresse étoit dans son cœur ; c'étoit là que se trouvoit la punition des coupables. L'ascendant de sa vertu, plus puissant que les lois, empêchoit la décadence de la Nation, inspiroit ces vertus mâles & austères qui devoient faire des Romains le premier peuple du monde. Voulez-vous que votre nouvelle République soit inébranlable sur sa base, veillez au maintien de la Pudeur : ce n'est pas assez de lui élever un temple ; il faut lui consacrer encore des défenseurs dignes d'elle ; qu'ils ayent l'audace de la vertu, devant ceux qui ont l'impudence du vice ; qu'ils n'oublient jamais qu'ils sont les représentans de tous les hommes vertueux, & que ce sont autant d'absens dont ils doivent prendre la cause ; qu'un mot, qu'un coup d'œil terrasse les voluptueux ; que leur silence même, où parle l'indignation, ferme la bouche aux lâches ennemis de la vertu.

J'entends louer encore la secte des philosophes

B

Cyniques ! Des hommes affranchis de la tyrannie du luxe, de la volupté & de la réputation, des honneurs & des richesses, c'est-à-dire, de tout ce qui tourmente & subjugue l'espèce humaine ; sont un prodige, qui étonne notre mollesse, & qui commande l'admiration : mais je m'élève, au nom de la Pudeur, contre des mœurs & des principes qui la blessent. O Diogène (1) ! O Cratés (2) ! que

---

(1) *Diogène* le Cynique joignit aux pratiques rigoureuses du cynisme, de nouveaux degrés d'austérité. Il prit l'uniforme de sa secte, un bâton, une besace, & n'avoit pour tout meuble qu'une écuelle : un tonneau lui servoit de demeure, & il promenoit par-tout sa maison avec lui, comme les limaçons promènent la leur. Qu'on ne croie pas néanmoins qu'avec son manteau rapiécé, sa besace & son tonneau il fût plus modeste ; il étoit aussi vain sur son fumier, qu'un Monarque Persan sur son trône. Son peu de respect pour l'honnêteté publique, son arrogance sous les haillons, sa mordante causticité, ont fait penser que les vertus de *Diogène* étoient plutôt l'effet de son orgueil, que de sa sagesse.

(2) *Cratés* étoit disciple de *Diogène*. Quoiqu'il fût laid & bossu, il inspira la passion la plus violente à *Hypparchie*, sœur d'un Philosophe célébre, qui lui proposa de l'épouser. Comme le Cynique ne l'aimoit pas, & qu'il étoit passionné pour la Liberté, dans l'espoir de la dissuader, il se présenta un jour tout nu devant elle : *voilà*, dit-il, en lui montrant un corps hideux, *l'époux que vous demandez*. *Hypparchie* persévérant dans son amour, le philosophe l'épousa. Il eut de son mariage deux filles qu'il maria à deux de ses disciples. Il les leur confia, dit-on, trente jours à l'avance, pour essayer s'ils pourroient vivre avec elles.

signifie votre indécente nudité, ce mépris affecté pour l'honnêteté publique ? En prêchant la vertu, il ne falloit pas allarmer la modestie ! Si c'étoit en vous l'effet de l'exaltation de votre cerveau, je vous plains; si c'étoit ostentation, je vous méprise. Qu'importe que vos maximes parlassent au cœur, si le scandale de vos vêtemens rendoit votre morale inutile ! Vous eussiez été moins dangereux à Sparte, où l'honnêteté étoit sous la sauvegarde des mœurs ; ce n'étoit pas devant la vertu que l'innocence avoit à rougir : mais à Athènes ! Votre liberté Cynique étoit un crime ; la licence des regards devoit être funeste à des ames déjà souillées. Hommes petits & vains ! j'ai lu dans les replis de votre cœur : si vous étiez insolemment indécens, ce n'étoit que par orgueil ; votre austérité n'étoit qu'un jeu ; votre dédain apparent pour les plaisirs, qu'une finesse ; votre philosophie, qu'un masque. Votre manteau eût été moins déchiré, si votre singularité n'avoit dû vous donner des prosélytes : vous auriez bientôt abandonné votre tonneau, si le sourire du mépris se fût constamment jeté sur vous.

Qu'importe que chez des Peuples à demi-sauvages, on ait long-temps conservé des cérémonies contraires à la Pudeur ! Ces outrages faits à la première des vertus, chez des hommes qui, près de la nature, ne pouvoient avoir atteint à ce période de corruption, qui suppose le raisonnement sur son étendue & sur ses suites, ne devoient faire aucune impression sur les cœurs : la facilité de s'abandonner à tous ſes goûts, doit étourdir ſur les moyens de les ſatisfaire: des objets ſans ceſſe préſentés ſans voile, doivent gliſſer ſur les yeux, ſans atteindre l'imagination. Si la Pudeur eſt la crainte ſecrète de tout ce qui peut bleſſer la modeſtie, ce ſentiment devoit être nul chez des Peuples, pour qui la honte n'étoit qu'un mot; qui ne ſavoient pas quand il falloit rougir, ou quels étoient les objets qui devoient exciter en eux ce vermillon involontaire. Mais néanmoins, pourquoi conſigner dans des écrits, d'ailleurs utiles, les uſages abominables en vigueur chez les *Orientaux*? Pourquoi s'arrêter avec une coupable ſatisfaction ſur les pratiques licencieuſes, commandées au *Japon* & à *Patane*, à *Bantam* & dans les petits états du royaume de *Guinée*, où les deux ſexes, ayant perdu leurs propres lois, ſe font un devoir de détruire les mœurs, pour conſerver les coutumes (1)? Je veux que, dans l'hiſtoire de ces Peuples, on puiſe des connoiſſances naturelles; que leur politique, leur religion & leurs mœurs, en piquant la curioſité, donnent quelquefois des inſtructions importantes! Mais que ſont ces lumières, auprès des tableaux qui ſaliſſent l'imagination? Des remèdes excellens, ſont

---

(1) Le docteur *Smitt* rapporte, fort au long, des uſages en vigueur chez ces peuples, que la décence ne me permet pas de faire connoître. Il eſt heureux pour nous, dit *Monteſquieu*, de vivre dans nos régions tempérées, où le ſexe, qui a le plus d'agrément, embellit la ſociété; & où les femmes honnêtes, ſe réſervant au bonheur & aux plaiſirs d'un ſeul, ſervent encore à l'amuſement de tous.

par fois extraits des poisons : mais souvent aussi le chimiste s'empoisonne.

Qu'ils soient livrés à l'indignation & au mépris ces ouvrages licencieux, où des auteurs criminels déchirent sans ménagement le voile sacré de la modestie, étalent avec une liberté cynique les images les plus lascives, corrompent le cœur par des tableaux voluptueux : qu'importe qu'on y trouve quelquefois & du talent & du génie ! il ne faut pas moins en condamner l'abus, en plaindre la prostitution : ne sait-on pas qu'on n'arrive jamais à la gloire par la voie de l'infamie (1) ? Mais dénonçons aussi à la Pudeur ces productions éphémères, qui, sous des fictions ingénieuses, apprennent au cœur à connoître des besoins, excitent en lui des mouvemens inconnus & involontaires, l'obligent à faire un retour sur lui-même ; à se demander compte de ses pensées, ou du moins à s'y arrêter ; à former des désirs, à charger l'imagination du soin de réaliser des chimères : voilà les écueils

---

(1) L'empressement avec lequel on lit ces sortes d'ouvrages, ne doit pas flatter les auteurs, qui d'ailleurs auroient du mérite. Ils ne doivent pas ignorer que les plus méprisables écrivains en ce genre, partagent également cet honneur avec eux. La licence & l'obscénité n'ont jamais seules prouvé de l'esprit. Les plus méprisables, par cet endroit, peuvent être lus une fois ; sans leurs excès, on ne les eût jamais nommés : semblables à ces malheureux que leur état condamnoit aux ténèbres, & dont le public n'apprend les noms que par le crime & le supplice. *Voyez Duclos*, considérations sur les mœurs.

toujours funestes à l'innocence ! De là plus d'artifice dans ses attraits, un peu trop d'enjouement dans ses manières, trop de liberté dans les entretiens, un plaisir malin pour l'équivoque. Eh ! que devient alors la décence, la modestie, la pudeur ? Si le cœur n'est pas encore corrompu, le poison caché sous les fleurs, ne tardera pas de l'atteindre ! Pour rendre les métaux ductiles, pour les façonner à son gré, ne suffit-il pas de les ramollir ? Plus l'imagination est vive & pure, plus elle est facilement souillée. Voyez cette nappe d'eau : son gravier argenté se laisse suivre dans toutes ses sinuosités : on voit s'y réfléchir les bords émaillés qui la parent : les arbres touffus qui l'environnent se répètent dans son cristal ; les insectes qui voltigent dans l'espace, ne peuvent la traverser sans avertir les regards : elle reflète la lumière ; elle retrace l'azur des Cieux.... il ne faut que quelques grains de sable pour troubler sa limpidité ; le souffle le plus léger ride sa surface; une feuille détachée d'un saule, rend tous les objets vacillans.

Voulez-vous conserver & vos mœurs & votre vertu ? Veillez sans cesse sur vous-même. La Pudeur a aussi son feu sacré ! Il ne faut jamais le laisser éteindre. Quelques victoires ne dispensent pas ici du combat : tant qu'il est des ennemis, il faut demeurer sous les armes. Eh combien d'écueils ne sont pas à craindre pour vous ! C'est fait de votre innocence, si vous prêtez jamais l'oreille aux discours de ces êtres dégradés & méprisables, qui, confians & dédaigneux, fans vertu comme fans talens, vicieux avec de la gaieté & des grâces, féduifent le fexe par des travers, mettent leur gloire à le déshonorer, & fe font un plaifir de fon défefpoir. Fuyez ces femmes fans Pudeur, qui promènent avec audace un front qui a perdu l'habitude de rougir; & qui, par le peu de refpect qu'elles ont pour elles-mêmes, apprennent à ne pas les refpecter, & invitent à les féduire. Souvenez-vous que leurs manières douces & engageantes, leurs yeux animés & éloquens, leur ton de voix infinuant & tendre, leurs larmes étudiées, leur foupirs menfongers, font autant de piéges tendus pour vous : ce font des firènes qui ne vous flattent que pour vous perdre ; ce n'eft qu'en imitant la prudence d'Ulyffe, que vous pouvez leur échapper. N'oubliez jamais qu'à Corinthe même, cette ville de corruption & de licence, les Courtifanes n'étoient pas admifes a la fête de Vénus (1).

Oh! fi l'on connoiffoit les anxiétudes & les repentirs qu'on fe prépare en abandonnant la Pudeur, on ne s'écarteroit jamais des devoirs facrés qu'elle impofe ! Je ne parle pas de cette confidération, de ces égards, de ces refpects, de cette déférence,

---

(1) On doit obferver que dans toute la Grèce, les femmes qui exerçoient un commerce de corruption, n'avoient aucune prétention à l'eftime publique ; & qu'à Corinthe même, où l'on montroit le tombeau ancien de *Laïs*, les femmes honnêtes célébroient en l'honneur de Vénus une fête particulière, à laquelle les Courtifanes ne pouvoient être admifes.

hommages involontaires qu'on rend aux ames honnêtes : c'eſt aux êtres malheureux qui n'en ſont plus l'objet, à nous avouer combien eſt cruelle la privation qu'ils éprouvent ! Mais je parle de ces craintes, de ces regrets, de ces tourmens, que l'impudeur traîne à ſa ſuite. Ce philoſophe qui diſoit qu'il *s'abſtenoit des voluptés par volupté*, avoit une grande penſée ; il proféroit une parole d'un grand ſens ! Qu'on interroge les perſonnes que la décence & la modeſtie ne retiennent plus ſous leurs lois ! Leur exiſtence paroît être ſemée de fleurs ! Elles ont toutes les jouiſſances de l'amour propre ; les plaiſirs marchent ſur leurs traces ; les ris & les jeux embelliſſent leur carrière ; mille adorateurs parent leur triomphe. Vaines ſaillies de l'imagination ! Foible tribut qu'on rend à la jeuneſſe & à la beauté ! Elles vous répondront que leur gaieté eſt factice, leur ſourire un effort, leurs amuſemens une contrainte, leur enivrement un accès ; que le dégoût & l'ennui, ces ſentimens pénibles d'une exiſtence froide & lente, jettent ſur leurs jours une teinte ſombre, mélancolique & monotone ; & que quand le remords ne ſe feroit pas entendre, leurs jouiſſances même feroient leur tourment. On dit qu'il croît ſur le rivage d'une mer, des fruits d'une beauté rare, qui dès qu'on y touche tombent en pouſſière, & laiſſent néanmoins une ſenſation douloureuſe : c'eſt l'image des plaiſirs des ſens.

S'il exiſta jamais une femme qui eût dû trouver le bonheur dans les ſentiers fleuris du vice, & loin des routes toujours belles de la Pudeur, c'étoit *Ninon de Lenclos* (1). Qu'on raſſemble tous les dons que la nature prodigue peut faire à l'eſpèce humaine ; elle les avoit tous réunis : eſprit, grâces, talens, beauté, richeſſes, tout ce qui féduit & qui entraîne : d'une humeur égale, d'un commerce charmant, d'un caractère vrai ; conſtante en amitié, ſpirituelle ſans être précieuſe, philoſophe ſans pédanterie, belle juſqu'au déclin de l'âge ; éloignée de tout engagement ſolide par ſa paſſion pour la Liberté, préférant la licence de l'amour, à la gêne de l'hymen; des amans & des amis, des ſpectacles & des fêtes, des hommes aimables & des ſavans, faiſoient de toute ſa vie un cercle charmant, où

---

(1) *Ninon de Lenclos* étoit une fameuſe Courtiſane du dernier ſiècle. Sa mère vouloit en faire une dévote, ſon père réuſſit beaucoup mieux à en faire une Épicurienne. Le plan de vie quelle ſe traça n'avoit pas eu d'exemple : elle ne voulut pas faire un trafic honteux de ſes charmes, mais elle réſolut de ſe livrer à tous ceux qui avoient ſu lui plaire, & d'être avec eux tant que le preſtige dureroit. La paſſion de l'amour qu'elle préféroit à tout, lui paroiſſoit une ſenſation plutôt qu'un ſentiment ; un goût aveugle purement ſenſuel ; une illuſion paſſagère qui ne ſuppoſe aucun mérite dans celui qui le prend, ni dans celui qui le donne. Il ne faut pas être ſurpris ſi, avec cette façon de penſer & d'agir, elle montra tant de ſenſibilité ſur la perte de ſes charmes ! Elle diſoit que *ſi elle avoit aſſiſté au conſeil des Dieux au moment de la création, elle auroit opiné pour qu'ils plaçaſſent les rides des femmes, où ils avoient mis le foible* d'Achile.

l'efprit & le goût, les fens & la vanité, trouvoient tour à tour de quoi s'applaudir & fe fatisfaire. Qui ne la croiroit heureufe ? Eh bien ! En réfléchiffant à foixante ans, fur la conduite qu'elle avoit menée, elle ne pouvoit s'empêcher d'en rougir : *Tout le monde dit que j'ai moins à me plaindre du temps qu'un autre*, écrivoit-elle à Saint-Évremont, *cela peut être : mais fi l'on m'avoit propofé une telle vie, je n'en aurois pas voulu, & j'aurois eu le courage de finir mon exiftence.*

O vous donc, pour qui la fête de la Pudeur eft fpécialement confacrée, que cette aimable vertu foit toujours votre idole ; que votre plus douce jouiffance foit de vivre fous fes lois ! C'eft peu de l'aimer au fond du cœur ; il faut encore que tout en vous en réfléchiffe l'empreinte. Si l'ambroifie célefte, dont les Dieux étoient parfumés, avertiffoit de leur préfence ; la candeur de votre vifage, la férénité de votre front, le fourire innocent de votre bouche, doivent toujours l'annoncer : la rougeur même eft une grâce, quand elle naît de la pudeur ! Si vous fentiez le prix de fon aimable empire ; que de foins ne mettriez-vous pas à lui refter toujours fidelles ! Elle feule fait des adorateurs conftans, des enthoufiaftes fincères, des amis de tous les momens : on n'intéreffe que par la Pudeur ; on ne plaît toujours que par elle ! mais fouvenez-vous qu'on ne joue point cette vertu : les joues ne fe colorent pas à volonté, la candeur de l'innocence ne s'appelle pas fur le front, l'air impofant de l'honnêteté ne fe peint pas sur les lévres : un encens usurpé ne sauroit être durable ; il peut enivrer l'idole ; il fatigue bientôt les adorateurs. Si vous avez de l'élévation dans l'ame, combien cette vertu doit vous être précieuse ! Voir toute la terre à ses pieds ! triompher de tout & de soi-même ! recevoir un tribut d'estime & de respect, pour des combats de quelques instans ! quelle plus noble jouissance que l'orgueil de la vertu jointe aux dons de la nature ! Lorsque vos charmes se feront effacés ; lorsque le temps aura gravé sur vous son inévitable empreinte ; c'est alors que, sur le trône que vous vous serez élevé, vous vous rendrez un hommage légitime ; qu'au milieu des débris même de votre beauté, mille sentimens délicieux viendront renouveler votre ame, étendre votre existence ; que vos jours seront pleins ; toutes vos heures vivantes ; que le passé vous offrira de glorieux souvenirs, & que le présent sera pour vous une douce jouissance (1).

---

(1) Voyez le tome 4 de l'Émile. Je ne me souviens pas si c'est dans La Bruyère, ou dans quelqu'autre auteur, que j'ai lu, que *les femmes sont plus sensibles à la perte de leur beauté, qu'à celle de leur vie.* Je n'oserois assurer que cette pensée soit vraie pour toutes les femmes : mais si elle l'est pour quelques-unes, c'est à coup sûr pour celles qui, voulant mettre à profit le don fragile de la nature, s'abandonnent à leur goût pour le plaisir, & lui sacrifient la décence & la modestie. Sans doute qu'alors on est sensible à la perte de sa beauté ! Quand on n'a vécu que pour l'amour, on ne peut vivre sans lui ; l'on craint qu'en s'envolant, il ne laisse dans le cœur toute l'horreur du désert & de la solitude. Mais celles qui,

marchant toujours dans le fentier de l'honnêteté, aiment plus la vertu, que le frêle édifice de leurs attraits, le voient difparoître, fans fe livrer au défefpoir; elles ont en elles-mêmes de puiffans motifs pour s'en confoler. Qu'importe qu'alors leurs adorateurs les abandonnent ! n'auront-elles pas toujours auprès d'elles & l'innocence & la Pudeur, ces biens précieux qui font pardonner à la nature les maux qu'elle a femés fur l'éclair de la vie ; ces fentimens plus durables que la volupté, plus fatisfaifans que l'efpérance ; ces plaifirs qui ne font précédés d'aucun trouble, ni fuivis d'aucun regret ; cette jouiffance de toutes les heures, ce charme de tous les âges, qui nous fait éprouver le bonheur d'être, quand nos organes émouffés font de la vie même un fardeau.

www.ingramcontent.com/pod-product-compliance
Lightning Source LLC
Chambersburg PA
CBHW060510050426
42451CB00009B/910